Grands Événements | numéro **25**

LA COMMUNE DE 1871
QUAND PARIS S'INSURGE

— Une révolution au destin tragique

par Mélanie Mettra

50MINUTES

LA COMMUNE

- **Quand ?** Du 18 mars au 28 mai 1871.
- **Où ?** À Paris.
- **Contexte ?** La guerre de 1870 contre la Prusse et la fin du Second Empire.
- **Protagonistes ?**
  - Adolphe Thiers, homme politique, journaliste et historien français (1797-1877).
  - Louise Michel, révolutionnaire française (1830-1905).
  - Jules Vallès, écrivain et journaliste français (1832-1885).
  - Nathalie Lemel, révolutionnaire française (1827-1921).
  - Eugène Varlin, homme politique et syndicaliste français (1839-1971).
- **Répercussions ?**
  - La naissance de la Troisième République.
  - L'apparition du mythe fondateur des révolutions prolétariennes.

La Commune, qui a lieu en 1871, est le dernier soulèvement parisien dans la lignée de ceux qui ont jalonné l'histoire révolutionnaire française jusque-là. Entre 1789 et 1871, la France a connu sept régimes successifs, passant de la monarchie absolue vacillante à la monarchie constitutionnelle éphémère, de la République au Consulat puis à l'Empire, et renouant ensuite avec la monarchie avant de renouveler l'expérience républicaine puis impériale. Chaque rupture s'est faite dans la violence de l'insurrection.

En 1789, la prise d'armes par les Parisiens débouche sur l'élection d'une Assemblée. En 1792, la Première République naît durant la journée du 10 août (prise des Tuileries et chute de la monarchie) ; au printemps 1795 la réaction thermidorienne s'élabore sur les émeutes de germinal et de prairial (avril-mai). La Restauration prend fin en juillet 1830, lors des Trois Glorieuses (les 27, 28 et 29 juillet), alors que la capitale française se couvre de barricades, contraignant Charles X (1757-1836) à abdiquer et à prendre la fuite. Le 24 février 1848, c'est au tour de la monarchie de Juillet de Louis-Philippe Ier (1773-1850) de céder sous les coups de la révolution. Alors que Louis Napoléon Bonaparte (1808-1873), futur Napoléon III, profite du suffrage universel pour accéder à la fonction présidentielle puis impériale, c'est cette fois la combinaison d'une guerre et d'une ultime insurrection qui met définitivement fin aux soubresauts politiques d'un XIXe siècle particulièrement mouvementé. En effet, depuis 1870, la France est en guerre contre la Prusse, qui la défait en quelques semaines. L'empereur étant prisonnier et l'impératrice Eugénie (1826-1920) en fuite, un nouveau gouvernement républicain est élu. Mais la population parisienne, assiégée par les Prussiens, refuse de renoncer à sa liberté. Elle s'érige alors en Commune autonome en mars 1871. Elle a tout juste le temps d'ouvrir quelques horizons idéalistes avant de s'éteindre dans le feu et le sang.

CONTEXTE

DE LA RÉPUBLIQUE À L'EMPIRE

La présidence de Louis Napoléon Bonaparte

En février 1848, la monarchie de Juillet est renversée par une nouvelle révolution. Le gouvernement provisoire formé suite à l'abdication de Louis-Philippe Ier proclame la Deuxième République. Marquée par l'abolition de l'esclavage et de la peine de mort, cette nouvelle ère politique voit surtout l'instauration du suffrage universel masculin (le 4 mars 1848), qui jouera un rôle inattendu dans la pérennité du régime. La Constitution de la Deuxième République prévoit en effet l'élection du président de la République, chef de l'exécutif, au suffrage universel. Le 10 décembre 1848, Louis Napoléon Bonaparte, neveu de l'empereur Napoléon Ier (1769-1821), remporte les élections présiden-tielles avec près de 5,5 millions de voix, contre moins de deux millions pour son adversaire, le républicain Eugène Cavaignac (1802-1857).

Exilé un temps à Londres et de retour depuis peu, il n'a jamais caché son souhait de restaurer l'empire, tel que le concevait son aïeul, c'est-à-dire comme un moyen de promotion des conceptions pro-gressistes de la Révolution. Seuls les républicains radicaux pourraient véritablement lui faire obstacle, mais il parvient à les faire écarter de l'Assemblée. Son gouvernement renoue avec l'Église, en particulier dans le domaine de l'enseignement, dont il lui ouvre grand les portes, s'opposant ainsi à la laïcité républicaine. Dans le même temps, Louis Napoléon Bonaparte se prononce contre la loi qui assujettit le droit de vote à une obligation de résidence, qui écartait une nombreuse population ouvrière souvent mobile. Il parvient ainsi à naviguer entre une certaine forme de conservatisme et un progressisme social dont il s'est fait le promoteur dans son ouvrage *De l'extinction du paupérisme*, écrit en 1844. Lorsque, en 1852, se pose la question de sa réélection, qui est interdite par la Constitution, le prince-président se lance dans une campagne de révision de cette dernière. Suite au refus de l'Assemblée, Louis Napoléon Bonaparte la fait dissoudre le 2 décembre 1851. Ses opposants sont arrêtés et l'armée surveille Paris, mais aucune réaction ne se produit. Seul le Midi, très à gauche sur l'échiquier politique, connaît d'importants soulèvements qui sont durement réprimés (arrestations, condamnations à mort et déportations en Algérie). À nouveau plébiscité par le peuple les 21 et 22 décembre 1851, Louis Napoléon Bonaparte entreprend une réforme de la Constitution et se proclame empereur en octobre 1852.

Le Second Empire et l'épanouissement d'un nouveau modèle économique

Le Second Empire voit officiellement le jour le 2 décembre 1852. Il est à la fois l'héritier de la Révolution et de l'Empire, mêlant parfois confusément le respect de certains idéaux républicains (égalité juridique, droit à la propriété, développement de l'instruction des filles) et l'autoritarisme (système des candidatures officielles, contrôle strict des ministres et des préfets, restriction des libertés de la presse et d'association). L'empereur a l'initiative des lois, préparées par le Conseil d'État et soumises ensuite à la discussion et au vote au Corps législatif.

En matière économique, on rattache souvent l'essor du capitalisme au Second Empire. En 1860, la France signe avec l'Angleterre un traité de libre-échange, mais cette période est surtout marquée par la réalisation de grands travaux qui modernisent le pays en profondeur. Ils concernent d'abord le réseau ferroviaire, qui connaît une extension nationale favorisant les échanges et stimulant la production sidérurgique. Les grandes compagnies comme le PLM (Paris-Lyon-Marseille) voient le jour. Viennent ensuite des travaux menés dans le secteur agricole, tels que l'assèchement de nombreuses zones humides et le creusement de canaux. L'espace urbain, enfin, est totalement repensé, notamment par l'intermédiaire du préfet de la Seine Georges Eugène Haussmann (juriste et fonctionnaire français, 1809-1891). Paris est percé de grands boulevards bordés d'hôtels particuliers ; l'île de la Cité est rasée et reconstruite à neuf ; des parcs et des squares aèrent désormais la ville. Ces travaux ont des visées à la fois sanitaires et politiques. Les rues et ruelles parisiennes étaient en effet synonymes d'insalubrité et d'insécurité non seulement au quotidien, mais aussi lors des soulèvements populaires qui y trouvaient des lieux de barricades et de cachettes propices. Les aménagements haussmanniens permettent sans conteste la suppression des habitats les plus précaires et l'instauration d'une certaine hygiène. Ils tendent aussi à supprimer les foyers de révolte et rendent plus difficile l'organisation de manifestations populaires, qui sont plus vulnérables sur de larges artères où peuvent se déployer les forces de police ou armées. Mais ils sont néanmoins impuissants à résoudre le problème de la pauvreté – dans la présentation de son projet d'aménagement de Paris, Haussmann dénombre plus d'un million de pauvres – et ne font finalement que repousser, en particulier vers l'Est parisien, les quartiers populaires. Alors que jusque-là aisés et modestes se côtoyaient, désormais le centre de Paris, paré de beaux immeubles, est isolé de la pauvreté. Cela ne sera pas sans conséquence lors des émeutes de la Commune.

Enfin, les travaux entrepris sont aussi l'occasion de mettre en œuvre les processus capitalistes : d'importants emprunts sont contractés afin d'en assurer le financement, des prêts sont accordés à l'industrie, et Paris devient une place boursière internationale. La Banque de France se transforme en banque de crédit et d'investissement, et de nombreux autres établissements de crédit sont créés, comme le Crédit lyonnais ou la Société générale. Grâce à la suppression de l'obligation d'autorisation préalable (en 1863 et 1867), les entreprises prenant la forme de sociétés par actions se multiplient. Apparaissent alors de grandes firmes, telles que Saint-Gobain dans la chimie, aux mains de familles renommées qui investissent leurs capitaux dans la banque, l'industrie ou encore le commerce, concentrant ainsi de plus en plus la puissance financière. La mécanisation et le regroupement des ouvriers favorisent quant à eux la création de grandes unités de production, par exemple au Creusot pour la métallurgie ou dans les mines de charbon du Nord.

Une vaste transformation de la société s'amorce donc sous le règne de Napoléon III. Pour autant, toutes les structures sociales ne sont pas bouleversées du jour au lendemain. Il reste encore, surtout à Paris, une population modeste, ouvrière, qui travaille dans de petites structures, plus proches de l'artisanat que de l'industrie : c'est le cas dans les secteurs du textile, de la cordonnerie, du livre et du bâtiment. Ces travailleurs manuels, qui ont été les acteurs des révolutions des XVIIIe et XIXe siècles, sont peu à peu écartés de la progression sociale par la nouvelle forme capitaliste de l'économie et éloignés du cœur de Paris où se côtoyaient jusque-là patrons et ouvriers. Éduqués et politisés, ils incarnent de plus en plus explicitement la conscience ouvrière qui naît au milieu du XIXe siècle.

LE MOUVEMENT SOCIALISTE ET LA CONSCIENCE OUVRIÈRE

Les penseurs du socialisme et du communisme

Lorsque l'on évoque la naissance du capitalisme et la condition ouvrière, c'est d'abord au personnage emblématique de Karl Marx (philosophe allemand, 1818-1883) que l'on pense. Celui-ci apporte sa contribution à la pensée politique, historique et économique en introduisant le concept de lutte des classes. Dans son *Manifeste du parti communiste*, publié en 1848, il estime que l'histoire n'est autre que le récit de l'incessant combat entre oppresseurs et opprimés. À son époque, les deux classes qui s'affrontent sont les ouvriers qui, par leur travail, produisent une plus-value, et les capitalistes (ou bourgeois), propriétaires de l'appareil de production, qui en profitent. En 1864, il fonde avec son ami Friedrich Engels (philosophe allemand, 1820-1895), en soutien aux Polonais qui se soulèvent contre la Russie, l'Association internationale des travailleurs, destinée à former une union solidaire de tous les travailleurs européens.

En France, d'autres philosophes pensent le monde du travail et contribuent à l'éclosion de la conscience ouvrière dès le début du XIXe siècle. Les socialistes utopistes d'abord – comme les surnomme Karl Marx –, dont font partie le comte de Saint-Simon (1760-1825) et Charles Fourier (1772-1837). Le premier, inspiré par un séjour aux États-Unis, présente le travail comme une valeur morale fondatrice par opposition à l'oisiveté, considérée comme une forme de parasitisme. Il met ainsi l'industrie au centre de la société, comme procédé d'humanisation de la nature et expression du génie humain. Il préfigure par ailleurs la notion de lutte des classes de Karl Marx et explique l'histoire par une confrontation entre les nobles (les parasites) puis, à partir de 1789, les propriétaires, et les producteurs ou prolétaires. Charles Fourier revendique quant à lui un monde reposant sur l'amour, l'harmonie et l'exaltation des passions, autant de sentiments qui ont été brisés par le développement du commerce et de l'industrie. La concurrence et la recherche du profit incitent en effet les uns à s'enrichir grâce à l'appauvrissement des autres. Sa conception des relations humaines se fonde sur le phalanstère, un groupement de production et de consommation dont chacun des membres exerce plusieurs métiers selon ses aspirations.

Ces deux idéologues ont en commun le rejet total de la violence sous toutes ses formes, ce qui n'est pas le cas de tous les socialistes politiques, à l'instar de Louis Blanc (1811-1882), qui appelle les ouvriers à la lutte, les encourageant à l'association et à l'entraide, en particulier dans son livre *L'Organisation du travail*, publié en 1840. De même, Auguste Blanqui (1805-1881) fait quasiment de la révolution son pain quotidien. Membre de la société secrète de la Charbonnerie, opposée au retour de la monarchie, il est de toutes les barricades. Emprisonné et exilé, il sera l'un des modèles des communards.

Autre mouvement très influent, l'anarchisme, incarné par Pierre Joseph Proudhon (philosophe français, 1809-1865). L'expression « la propriété, c'est le vol » résume à elle seule sa vision de la société : posséder une entreprise et retirer des bénéfices du travail des ouvriers qui la composent, c'est voler aux travailleurs la plus-value qu'ils produisent. Il rejette également toute idée d'État ou de gouvernement qui institutionnalise la propriété, et propose comme modèle le mutuellisme où chacun s'associe et coopère, bénéficiant à parts égales du travail de tous. Politiquement, le mutuellisme s'incarne dans le fédéralisme : les communes autonomes coopèrent les unes avec les autres dans des engagements contractuels autour d'objectifs communs. Pour en arriver là, Proudhon n'est pas opposé à la révolution, qui lui semble même nécessaire au renversement de l'ordre établi.

Ces différents courants de pensée, qui trouvent un écho très important dans une partie de la population ouvrière parisienne grâce aux différentes revues animées par des journalistes socialistes, comme Louis Blanc ou Jules Vallès, sont relayés sur le terrain par de nombreuses réalisations.

Organisations et mouvements ouvriers

Le monde ouvrier de la seconde moitié du XIXe siècle est encore très varié. S'il existe déjà de grandes usines, regroupant une main-d'œuvre importante, la majorité de la population ouvrière urbaine est constituée de travailleurs manuels embauchés dans des ateliers de petite taille, en une forme d'artisanat plus ou moins développé. Leurs conditions de vie sont précaires : pas d'horaires définis, chômage fréquent et non indemnisé, forte mobilité imposée par la recherche d'ouvrages, pas de retraite. Parmi eux beaucoup de tisseurs, de cordonniers, de chapeliers, d'imprimeurs, de menuisiers ou d'ébénistes, autant de métiers qualifiés exercés par des personnes instruites qui se forgent une conscience politique. Celle-ci se développe également au sein d'associations, légales ou non, qui revêtent plusieurs formes.

La sociabilité des travailleurs n'est pas nouvelle. Rassemblés sous forme de guildes ou de corporations, ils ont à cœur de défendre leurs intérêts depuis plusieurs siècles. La Révolution de 1789 a quelque peu bouleversé le mode de réunion, considérée par tous les régimes comme une menace potentielle de soulèvements. Aussi les rencontres sont-elles très encadrées : dès 1791, la loi Le Chapelier interdit toute forme d'association qui pourrait être un foyer d'activisme politique et n'autorise que les sociétés de secours mutuel (c'est-à-dire en cas d'accident, de décès ou encore de chômage).

Le 28 février 1848, à Paris, des ouvriers manifestent pour que soit créé un ministère du Travail. Si leur volonté est plus ou moins entendue, il ne s'agira dans les faits que d'une commission présidée par Louis Blanc qui tentera de résoudre le chômage massif par la création d'ateliers nationaux éphémères. Dans les semaines qui suivent, les assemblées de corps de métier se multiplient, jetant les bases de sociétés nouvelles (les Sociétés générales, également appelées Générales), regroupant tous les ouvriers d'une même profession. Elles visent à mutualiser les efforts en matière de production (afin que les objectifs soient fixés en assemblée et les bénéfices partagés équitablement), de secours ou encore de crédit. Mais ces initiatives sont rapidement limitées. La loi du 27 mai 1848 autorise en effet les associations de travailleurs à condition qu'elles ne soient pas gérées de manière autonome. Après les soulèvements de juin, les assemblées corporatives sont même définitivement interdites. Les Générales disparaissent, laissant place aux Fraternelles, dont l'activité officielle se limite au secours en cas de chômage ou de grève. Des tentatives de fédération entre ces multiples associations (presque chaque métier en compte une) sont lancées entre 1848 et 1849, comme la Chambre syndicale du travail ou encore des organismes proposant des crédits gratuits tels que la Banque du peuple de Pierre Proudhon ou la Mutualité des travailleurs. Mais en 1850, les sociétés de secours mutuel voient également leur liberté d'exercice restreinte. Outre l'obligation de recevoir l'agrément du Gouvernement pour exister, elles ne peuvent intervenir ni dans le cadre du chômage ni en ce qui concerne les pensions de vieillesse. En 1852, la surveillance administrative se renforce encore, avec la nomination de leurs présidents par l'empereur lui-même. Ce contrôle n'empêche cependant pas la vivacité des revendications, et les sociétés de secours mutuel n'en sont pas moins souvent des sociétés de résistance.

Près d'une centaine de grèves ont lieu chaque année, malgré leur interdiction. À partir des années 1860, le phénomène prend de l'ampleur : à l'occasion de l'Exposition universelle de Londres en 1862, les rencontres entre les ouvriers français et britanniques (également très actifs dans la promotion du syndicalisme) se multiplient. Aux élections législatives de 1863, des candidats représentant la cause ouvrière se présentent, encouragés par Napoléon III. En février 1864, le ciseleur Henri Tolain (1828-1897), organisateur de la délégation ouvrière à l'Exposition universelle et candidat à la députation, publie le *Manifeste des 60* qui explique la nécessité d'une représentation ouvrière au Parlement et fait un certain nombre de propositions en matière d'enseignement, de salaire et de rapports entre patrons et ouvriers. La loi du 25 mai 1864 légalise l'association ouvrière, à condition qu'elle n'intente aucune action portant atteinte à la liberté du travail. Le décret qui validait l'inégalité juridique entre patrons et ouvriers est aboli. En septembre, Karl Marx et Friedrich Engels créent l'Association internationale des travailleurs à laquelle s'affilient de nombreux militants français. Enfin, en 1868, le droit de grève est accordé.

Lorsque les premières tensions entre la France et la Prusse se font sentir en 1870, les militants de l'Internationale témoignent leur indignation devant le conflit et appellent les travailleurs européens, et plus particulièrement les Allemands, à s'y opposer. Malgré la répression du Gouvernement face à la création de plusieurs sections de l'Internationale dans différents quartiers parisiens, le développement de celle-ci se poursuit. L'emprisonnement de ses dirigeants à la veille du conflit n'entame en rien sa vivacité et bon nombre d'internationaux seront à l'origine ou animeront les comités de vigilance qui naîtront après la défaite de Sedan.

LA GUERRE DE 1870 CONTRE LA PRUSSE

Dès son arrivée au pouvoir, Louis Napoléon Bonaparte implique la France dans plusieurs conflits. Soucieux avant tout de défendre certaines valeurs et de les diffuser – se révélant en cela assez proche du projet de son illustre aïeul –, il participe à deux conflits majeurs en Europe : la guerre de Crimée entre l'Empire ottoman et la Russie, et celle qui oppose les républicains italiens à l'Autriche et aux États pontificaux.

En 1854, le tsar russe Nicolas Ier (1796-1855) occupe une partie des territoires du Nord de l'Empire ottoman. Le 27 mars, la France et la Grande-Bretagne, qui l'avaient sommé de se retirer, lui déclarent la guerre. Marquée par le siège de Sébastopol, long et meurtrier, elle est finalement victorieuse pour les alliés franco-britanniques, qui signent le traité de Paris en 1856. Elle est aussi l'occasion pour

Camillo Cavour (figure centrale du *Risorgimento*, 1810-1861) d'entrer dans les bonnes grâces de l'empereur des Français en lui proposant son soutien militaire.

La position bonapartiste envers le *Risorgimento* italien (« Renaissance ») est très fluctuante. En 1849, l'empereur avait envoyé des troupes à Rome pour rependre les États pontificaux aux républicains et les restituer au pape Pie IX (1792-1898). Mais, à partir de 1858 – peut-être motivé par l'attentat qui le vise et les supplications de l'indépendantiste italien Felice Orsini (1819-1858) –, il soutient le républicain Camillo Cavour dans son projet d'unification de l'Italie. En échange de son appui contre l'Autriche, alors maîtresse de l'Italie du Nord, que les troupes françaises défont lors des batailles de Magenta (4 juin 1859) et de Solferino (24 juin 1859), Napolon III obtient la Savoie et le comté de Nice. Mais à la suite de l'armistice de Villafranca (11 juillet 1859), ses relations avec Camillo Cavour et Giuseppe Garibaldi (militaire et homme politique italien, 1807-1882) se durcissent, et l'empereur défend une nouvelle fois Rome et le pape.

Si l'empereur français s'est opposé à l'Autriche dans la question du Piémont, il reste neutre quand celle-ci doit en découdre avec la Prusse. En effet, comme en Italie et dans un certain nombre de pays européens, un mouvement nationaliste et unificateur est à l'œuvre en Allemagne. Otto von Bismarck (1815-1898), ministre président de la Prusse dirigée par Guillaume Ier (1797-1888), souhaite réunir autour du royaume les États germaniques. Partisan de la conquête militaire, il défait les troupes autrichiennes à Sadowa le 3 juillet 1866. La neutralité de Napoléon III lui permet d'obtenir le duché du Luxembourg. Toutefois, lorsqu'en juin 1870, Bismarck propose un candidat prussien au trône d'Espagne, la France s'y oppose fermement. Prudemment, Guillaume Ier encourage le retrait de la candidature prussienne, mais Bismarck, pour satisfaire ses intentions belliqueuses, falsifie le document relatant la rencontre entre le roi et l'ambassadeur français, la présentant comme ayant été une humiliation du diplomate (la dépêche d'Ems). Ne pouvant accepter l'injure, le gouvernement d'Adolphe Thiers vote la mobilisation et déclare la guerre à la Prusse le 19 juillet 1870. Les troupes françaises, inférieures en nombre et mal préparées, essuient défaite sur défaite tout au long du mois d'août. Le 1er septembre, elles sont écrasées à Sedan, et Napoléon III est fait prisonnier. L'armée prussienne peut dès lors marcher sur Paris.

ADOLPHE THIERS, HOMME POLITIQUE, JOURNALISTE ET HISTORIEN FRANÇAIS

Adolphe Thiers naît le 15 avril 1797 à Marseille. Il étudie le droit à Aix-en-Provence où il fait la rencontre de François-Auguste Mignet (historien et journaliste français, 1796-1884), auteur d'une magistrale *Histoire de la Révolution française*. En 1821, une fois sa charge d'avocat obtenue, il se rend à Paris et commence une carrière de journaliste. Il dénonce la Restauration dans ses articles pour *Le Constitutionnel* et rédige à son tour une *Histoire de la Révolution française* qui assoit sa notoriété. Dans son journal, *Le National*, qu'il fonde en 1829 avec son ami Auguste Mignet, il défend une monarchie strictement parlementaire. En 1830, il propose la candidature au trône de Louis-Philippe d'Orléans contre Charles X. Il rédige la protestation des journalistes contre les ordonnances de ce dernier, publiées en juillet, mais se cache durant le soulèvement populaire qui éclate à la fin du mois.

Élu député d'Aix-en-Provence en octobre 1830, il participe au premier gouvernement du règne de Louis-Philippe Ier comme secrétaire d'État puis comme ministre des Finances. Il est ensuite nommé ministre de l'Intérieur en 1832 et entre 1834 et 1836, et enfin ministre des Affaires étrangères, un poste dont il démissionne, ainsi que de celui de président du Conseil qu'il occupait simultanément, après un désaccord avec Louis-Philippe Ier au sujet de la question espagnole. Il ne revient en politique qu'en 1840, après avoir écrit la suite de son *Histoire de la Révolution française*, celle se rapportant au Consulat et à l'Empire. Il est à nouveau ministre des Affaires étrangères, mais il rencontre l'opposition de Louis-Philippe Ier lorsqu'il souhaite faire intervenir la France dans le conflit qui oppose la Russie, l'Autriche et l'Empire ottoman.

Se retirant une fois de plus de la vie politique, il se consacre à son travail d'historien et d'écrivain. Rappelé à la tête du Gouvernement à la veille des journées révolutionnaires de 1848, il tombe avec Louis-Philippe Ier. Redevenu simple député, il se rallie à la majorité conservatrice et soutient la candidature de Louis Napoléon Bonaparte à la présidence de la Deuxième République. Il se désolidarise néanmoins rapidement du prince-président, dont il craint les visées impérialistes. Arrêté lors du coup d'État du 2 décembre 1851, il est exilé en Suisse. S'il revient en 1852, il ne participe cependant plus à la vie politique pendant 11 ans, jusqu'à ce qu'il soit élu député de Paris en 1863. Il réclame la liberté de la presse, la liberté individuelle et la liberté électorale (contre les candidatures officielles), et s'oppose aux engagements belliqueux de l'Empire.

À la chute de celui-ci après la défaite de Sedan, il est chargé par le gouvernement de Défense nationale de trouver, en vain, un terrain d'entente avec Otto von Bismarck. Après les élections de février 1871, il est nommé chef du pouvoir exécutif de la République française, une fonction qu'il occupe pendant deux ans. Il parvient à signer la paix avec Bismarck et à maintenir le statu quo avec l'Assemblée (majoritairement monarchiste) quant aux institutions françaises, jusqu'à ce que le pays soit réorganisé après l'occupation prussienne. Entre mars et mai 1871, il organise la répression de la Commune et entreprend la reconstruction du pays. Nommé président de la Troisième République en août 1871, il contracte un emprunt pour payer l'indemnité de guerre afin d'accélérer le départ des occupants prussiens, réforme la fiscalité ainsi que le prélèvement des impôts, et crée le service militaire obligatoire de cinq ans. Mais en 1873, il est battu par Patrice de Mac Mahon (général, homme politique français, 1808-1893), qui est approuvé par les députés monarchistes conservateurs. Adolphe Thiers entre alors dans l'opposition républicaine. Le 18 mai 1877, il signe le *Manifeste des 363*, dans lequel les républicains s'opposent à la nomination d'un monarchiste, le duc de Broglie, à la présidence du Conseil. Il meurt le 3 septembre 1877, après la dissolution de l'Assemblée. Malgré ou grâce à ses positions conservatrices et à son rôle dans l'écrasement de la Commune, il jouit d'une grande popularité, en particulier pour avoir réglé le conflit avec la Prusse et consolidé les bases de la Troisième République. Son décès soulève une forte émotion qui se traduit par des funérailles grandioses, avec un cortège de près d'un million de personnes, des délégations de 384 villes de France et une tombe ornée d'un arc de triomphe au cimetière du Père-Lachaise.

LOUISE MICHEL, RÉVOLUTIONNAIRE FRANÇAISE

Née le 29 mars 1830, Louise Michel est la fille naturelle d'une servante et d'un châtelain de la Haute-Marne. Institutrice empreinte d'idéaux républicains, elle refuse de prêter serment à l'Empire et exerce donc dans des écoles libres, tout en se consacrant au secours des plus pauvres. Arrivée à Paris en 1856, elle devient militante féministe et socialiste, écrivant pour des journaux d'opposition.

Après la défaite de Sedan, elle dirige un comité de vigilance féminin à Montmartre. Elle participe à l'insurrection du 18 mars et à la Commune. Arrêtée au moment de la semaine sanglante, après avoir combattu sur les barricades, celle qui est surnommée la Vierge rouge parvient à s'évader, mais se livre aux autorités après avoir appris l'arrestation de sa mère. Détenue au camp de Satory, elle est ensuite déportée en Nouvelle-Calédonie en août 1873. Là, elle se rapproche des Kanaks, à qui elle fait profiter de ses talents d'institutrice et qu'elle soutient lors de leur insurrection contre les colons. L'amnistie de 1880 lui permet de rentrer en France, où elle reprend son activité politique, qui lui vaut quelques nouvelles arrestations. Auteure de ses mémoires et d'une riche correspondance, elle meurt à Marseille en 1905, à l'âge de 75 ans.

JULES VALLÈS, ÉCRIVAIN ET JOURNALISTE FRANÇAIS

Jules Vallès naît le 11 juin 1832 au Puy-en-Velay. Son père, instituteur, l'élève dans un milieu sévère et marqué par la pauvreté, et sa mère n'hésite pas à se montrer violente. Dès ses études au lycée de Nantes, il se passionne pour la Révolution et participe aux manifestations de 1848. Il quitte ensuite la province pour Paris, sans métier, menant une vie de bohème. Il commence à écrire, devient journaliste pour *Le Figaro* et fonde lui-même plusieurs journaux, comme *La Rue* ou encore *Le Peuple*, dans lesquels il défend farouchement la liberté de la presse. Il s'essaie également à la politique, mais échoue aux élections législatives de 1869.

Son activité journalistique et ses engagements anti-impérialistes et pacifistes lui valent plusieurs arrestations. À l'issue de sa dernière incarcération en juillet 1870, il adhère à l'Association internationale des travailleurs et fait paraître un nouveau journal, *Le Cri du peuple*. Durant la Commune, il siège à la commission de l'enseignement et à celle des relations extérieures. Comme un certain nombre de communards, certes minoritaires, il s'oppose à la création d'un Comité de salut public dictatorial. Il combat sur les barricades lors de la semaine sanglante, puis fuit en Angleterre où il est condamné par contumace. Il survit dans la misère tout en rédigeant une trilogie largement autobiographique. Amnistié en 1880, il revient en France trois ans plus tard et relance la publication du *Cri du peuple* dans lequel il défend la cause du prolétariat. Il meurt sans doute du diabète, en février 1885. Ses obsèques au cimetière du Père-Lachaise sont suivies par près de 100 000 personnes.

NATHALIE LEMEL, RÉVOLUTIONNAIRE FRANÇAISE

Nathalie Duval naît à Brest en 1826 de parents cafetiers. Elle bénéficie d'une bonne éducation et devient ouvrière relieuse. Elle épouse Jérôme Lemel, également ouvrier du livre, en 1845, avec qui elle a trois enfants. Elle ouvre ensuite une librairie à Quimper avant de quitter la Bretagne pour Paris, en 1861. Le milieu des métiers du livre étant très actif dans les revendications en matière de droit du travail, elle fréquente les différents courants socialistes de l'époque et participe à ses premières grèves. Elle fait par ailleurs la connaissance du syndicaliste Eugène Varlin, devient déléguée syndicale, milite pour l'égalité des salaires entre les hommes et les femmes, et adhère à l'Association internationale des travailleurs. En 1868, elle se sépare de son mari et fonde avec Eugène Varlin une coopérative d'alimentation, puis un restaurant coopératif, la Marmite, destiné aux ouvriers, qui connaît un vif succès et devient un haut lieu de résistance. Pendant la Commune, elle crée avec Elisabeth Dmitrieff (femme politique et militante féministe russe, 1851-1910 ou 1918) l'Union des femmes pour la défense de Paris, s'occupe des soins aux blessés et de l'organisation de coopératives ouvrières. Lors de la semaine sanglante, elle combat sur les barricades. Emprisonnée et déportée aux côtés de Louise Michel, elle rentre en France en 1880, où elle participe au journal *L'Intransigeant*. Mais, éprouvée par sa captivité, elle est de moins en moins active et meurt dans la misère en 1921.

EUGÈNE VARLIN, HOMME POLITIQUE ET SYNDICALISTE FRANÇAIS

Eugène Varlin naît en 1839 de parents journaliers agricoles. Il devient ouvrier relieur à partir de 1852, date à laquelle il s'établit à Paris. Avide de connaissances, il suit des cours du soir et dévore les livres, aussi bien littéraires que scientifiques et politiques. En 1857, il adhère à une société de secours mutuel qui réunit ouvriers et patrons relieurs. Il participe aux grèves des années 1860, durant lesquelles il rencontre Nathalie Lemel, qu'il associe à la société de crédit mutualiste qu'il a lui-même fondée en 1866. Membre de l'Association internationale des travailleurs, dont il devient le secrétaire du bureau parisien en 1868, il participe à ses congrès, ce qui lui permet de rencontrer Karl Marx à Londres. Contrairement à beaucoup de ses homologues proudhoniens ou internationaux, il est un fervent partisan de la cause féministe. Son militantisme lui vaut plusieurs arrestations et un exil en Belgique. Il est de retour en France après la chute de l'Empire, participe au Comité central des vingt arrondissements et s'engage comme garde national. Pendant la Commune, il siège à la commission des Finances et coordonne les sociétés ouvrières. Il refuse la tournure dictatoriale de salut public que prend la Commune début mai, et s'il la défend sur les barricades au cours de la semaine sanglante, il tente toutefois d'empêcher l'exécution sommaire des otages le 26 mai. Le 28, après la reddition des derniers communards, il est reconnu et dénoncé par un prêtre. Arrêté, il est aussitôt fusillé.

LA COMMUNE

LA CHUTE DU SECOND EMPIRE ET LE SIÈGE DE PARIS

Lorsque Napoléon III capitule à Sedan et y est fait prisonnier le 1er septembre 1871, l'impératrice Eugénie tente de maintenir le régime, mais sans succès. Les Parisiens se soulèvent et se réunissent au sein d'une assemblée largement gagnée à l'idée que la chute de l'empereur va de pair avec celle de l'Empire. La République est proclamée trois jours plus tard, devant l'Hôtel de Ville, par Léon Gambetta (1838-1882), ministre de l'Intérieur, et Jules Favre (1809-1880). Ce dernier, ministre des Affaires étrangères du nouveau gouvernement de la Défense nationale dirigé par le général Louis Trochu (1815-1896), tente de négocier les 19 et 20 septembre avec Bismarck, tout en confiant à Adolphe Thiers la mission de rechercher des médiateurs auprès des cours européennes. Mais leurs efforts restent vains.

Dans la capitale assiégée et bombardée par les Prussiens, les conditions de vie se dégradent à tel point que le Gouvernement se replie à Bordeaux. La population parisienne lui est encore majoritairement favorable, mais cette fidélité est ébranlée par les défaites que les troupes françaises essuient en octobre et en janvier 1871 : François Bazaine (militaire français, 1811-1888) capitule à Metz le 27 octobre, et les sorties organisées par Louis Trochu se soldent par de cuisants échecs. Le Gouvernement est acculé. Bismarck n'accepte de signer un armistice, le 28 janvier, qu'avec un gouvernement élu et en échange de la reddition de Paris. Des élections ont donc lieu dès février 1871, durant lesquelles la tension monte encore d'un cran. Celles-ci consacrent la victoire des monarchistes, qui comptent près de 400 députés contre moins d'une quarantaine de républicains, élus essentiellement par les Parisiens. Le pouvoir exécutif est confié à Adolphe Thiers dont le souhait, comme celui de la majorité conservatrice, est de mettre rapidement un terme à la guerre et à l'occupation du territoire français. Le 1er mars 1871, l'armée prussienne victorieuse défile dans la capitale, tendue de voiles noires. Mais c'est la tentative d'Adolphe Thiers, le 18 mars, de reprendre les canons de la garde nationale qui met véritablement le feu aux poudres.

L'INSURRECTION DU 18 MARS 1871

Depuis le mois de septembre 1870, de nombreux comités de vigilance, organisés par des révolutionnaires radicaux, membres de l'Internationale ou de sociétés jacobines, animent les quartiers de Paris. Ils se regroupent dans un Comité central des vingt arrondissements qui organise la levée en masse de volontaires qu'il arme (les gardes nationaux) et revendique une plus grande autonomie afin d'organiser la défense de la ville. Il oppose tout au long de l'automne et de l'hiver 1870-1871 son désir de la guerre à outrance à l'indécision du Gouvernement. Après l'épreuve du siège de Paris, la capitulation du Gouvernement, son repli à Versailles (lieu considéré comme le symbole de l'Ancien Régime, ultime affront pour les républicains) après avoir quitté Bordeaux, épisode vécu comme un abandon, et le défilé prussien qu'elle subit comme une humiliation, la garde nationale se soulève le 18 mars. Adolphe Thiers, qui veut montrer sa bonne volonté à l'ennemi, envoie ce jour-là 4 000 hommes afin de saisir les canons placés à l'abri des Prussiens sur les collines de Montmartre, à Belleville et à la Villette, et de reprendre le contrôle des quartiers les plus inféodés. La garde nationale, qui ne peut empêcher l'entrée des troupes dans Paris fait sonner le tocsin et se mobilise, organisant des barrages sur les boulevards extérieurs pour empêcher la retraite des soldats. À Montmartre, le général Claude Martin Lecomte (1817-1871) donne l'ordre à ses hommes de tirer sur la foule qui les encercle, mais les soldats refusent et sympathisent avec elle. Lecomte est alors arrêté et fusillé, de même que le général Jacques Clément-Thomas (1809-1871), chargé quant à lui d'établir un plan des barricades. Les émeutes se propagent dans différents quartiers de Paris. Le Gouvernement renonce dans un premier temps à riposter et fait replier ses troupes malgré les barricades. Le Comité central se réunit à l'Hôtel de Ville et décide de la tenue d'élection municipale le 22 mars suivant.

La journée du 18 mars et la prise des canons.

L'ORGANISATION ET LES RÉALISATIONS DE LA COMMUNE

Les élections, qui se tiennent finalement le 26 mars, désignent les 85 membres du nouveau conseil communal, qui est proclamé Commune de Paris le 28 et adopte le drapeau rouge, symbole de la révolution. Celle-ci, composée de membres très hétéroclites et totalement inconnus (blanquistes, jacobins, internationaux), fonctionne de façon autonome. Tous ont le même idéal d'une Commune indépendante, mais divergent sur la conduite à tenir vis-à-vis du reste du pays. Pour les jacobins, Paris doit diriger la France et être son modèle, tandis que pour les proudhoniens, il s'agit de créer une fédération de communes libres.

Les ministères sont occupés par neuf commissions qui prennent rapidement les premières mesures : la vente des objets déposés au Mont-de-Piété est suspendue et la liberté de la presse est rétablie. Puis, tout au long du mois d'avril, une série de décrets organise la vie de la Commune. Celui du 3 avril instaure la laïcité : le budget du culte – qui constitue une infraction à la liberté de conscience, puisque même les non-catholiques devaient y participer par leurs impôts – est supprimé et l'enseignement est désormais laïc, en plus d'être gratuit et obligatoire. Des écoles pour jeunes filles et des écoles professionnelles voient le jour. Le moratoire du 12 avril suspend les poursuites pour loyers et factures commerciales impayés. Le décret du 24 réquisitionne quant à lui les logements vacants afin d'y établir les familles sans domicile. Dans le domaine du travail, une commission, largement animée par des militants de l'Internationale, prend une série de mesures progressistes. Le traitement des fonctionnaires, désormais établi en tenant compte de l'ancienneté et du niveau de qualification, est plafonné. Les retenues sur salaires sont interdites, de même que le travail de nuit. Les ateliers abandonnés sont réquisitionnés et gérés par des coopératives ouvrières, dans une forme embryonnaire d'autogestion.

La Commune bénéficie par ailleurs d'une image positive – quoique relative dans la réalité – en matière de droit des femmes. Le mouvement féministe, discret mais actif durant la Deuxième République et le Second Empire, était alors surtout le fait de femmes de lettres issues d'un milieu aisé. Mais leurs manifestes, en particulier ceux de la Ligue des droits des femmes créée en 1868, demandant l'égalité aussi bien dans la sphère privée du mariage que dans le monde du travail trouvent désormais un écho parmi les femmes de condition plus modeste, qui sont aussi politisées que leurs compagnons. Les femmes issues des milieux populaire et ouvrier connaissent les pires conditions d'éducation et de travail. Bien moins payées que leurs homologues masculins, elles sont également les premières à devoir affronter le chômage, que ce soit le leur ou celui de leur mari ou concubin, et c'est à elles que reviennent les tâches les plus ingrates. Dès le mois de septembre 1870, elles se regroupent au sein d'associations de secours aux indigents et aux blessés, avant que soit créé un comité d'arrondissement féminin, sur le modèle des comités de vigilance, à Montmartre, sous l'impulsion de l'institutrice Louise Michel. Pendant l'insurrection du 18 mars et durant la semaine san-glante, elles prennent les armes pour défendre la cause communarde et la leur. Au mois d'avril 1871, une Union des femmes est créée, dirigée par Elisabeth Dmitrieff et Nathalie Lemel. Elle a pour voca-tion d'organiser des ateliers coopératifs d'ouvrières, essentiellement dans le secteur du textile. Le décret du 10 avril accorde une pension aux veuves de gardes nationaux et celui du 21 mai instaure l'égalité des salaires entre instituteurs et institutrices. Même s'il s'agit là de progrès notables, la Commune n'ira pas beaucoup plus loin, faute de temps d'une part, mais aussi à cause d'une certaine réticence au sein même des mouvements socialistes, libertaires et internationalistes.

Le 19 avril est rédigée une Déclaration au peuple français précisant l'objectif de la Commune : la mise en place d'une démocratie directe inscrite dans une république effective au sein de communes auto-nomes dans lesquelles les citoyens doivent pouvoir intervenir à tout moment en ce qui concerne l'administration politique, économique et sociale. Mais les élans libertaires de la Commune la rattrapent vite : dans la presse et dans la rue, de nombreux Parisiens prennent le parti de Versailles. Aussi la liberté de la presse est-elle rapidement réduite : les publications sont à nouveau soumises à autorisation et censurées. De même, les domiciles sont perquisitionnés en vue de mettre la main sur les espions ou les personnes apportant leur soutien au gouvernement de Versailles, et les suspects sont exécutés sommairement. Finalement, malgré une volonté de fédérer les Parisiens et le reste de la France par l'adhésion plutôt que par la force, la Commune est contrainte de prendre les armes contre les Versaillais.

LA SEMAINE SANGLANTE ET LA FIN DE LA COMMUNE

Les troupes des gardes nationaux font quelques tentatives de sortie de Paris au début du mois d'avril, mais celles-ci se soldent par un échec. Bombardées par les Versaillais stationnés sur le mont Valérien, ceux-ci ne font aucun prisonnier : un communard pris est un homme mort, fusillé sur-le-champ. En réponse, pour tout communard tué, deux Versaillais le sont. Pendant que les tensions et les dissensions ébranlent la Commune, Adolphe Thiers reconstitue une armée, dont il s'assure qu'elle ne sympathisera pas avec les communards comme ce fut le cas précédemment. Dirigée par Patrice de Mac Mahon, elle est composée de recrues issues de milieux très divers maintenues dans un cadre militaire strict reposant à la fois sur la gratification (meilleure alimentation, augmentation des soldes, etc.) et la sanction. Les troupes sont tenues à l'écart de la vie publique, les journaux leur étant interdits.

Le 21 mai, les troupes versaillaises entrent dans Paris et, en une semaine, appelée la semaine sanglante, reprennent la ville quartier par quartier, franchissant les barricades dressées par les commu-nards. De part et d'autre, la logique est simple : il s'agit de tuer celui qui se trouve en face. Les Versaillais tirent à vue, regroupent les dissidents, en envoient une partie dans des camps d'internement et fusillent l'autre dans ce qui sera surnommé les abattoirs.

Barricade sur la place Vendôme, photo prise par Bruno Braquehais.

Les communards incendient la ville, détruisant le palais des Tuileries, l'Hôtel de Ville, la préfecture de police et le Palais de Justice. Ils exécutent les otages, en particulier les ecclésiastiques comme l'archevêque de Paris, Mgr Georges Darboy (1813-1871). Le 27 mai, quelque 200 communards réfugiés au cimetière du Père-Lachaise sont fusillés à l'issue d'une journée d'intenses combats devant l'un des murs d'enceinte qui, en leur hommage, est surnommé depuis lors le Mur des Fédérés. Une fosse commune y accueille les cadavres de la semaine sanglante. La ville est alors reprise par les Versaillais et le dernier fort, celui de Vincennes, tombe.

Dessin d'Alfred Darjou représentant l'exécution des communards devant le Mur des Fédérés.

L'IMPOSSIBLE DÉNOMBREMENT

Le nombre de victimes de la Commune fait l'objet d'un large débat à la fois historique et politique. En effet, dès le lendemain de la semaine sanglante, les vaincus comme les vainqueurs se livrent à une véritable bataille des chiffres. Du côté des troupes versaillaises, le bilan de quelque 900 tués n'est pas mis en doute, mais il en va tout autrement pour les communards. Patrice de Mac Mahon, qui a organisé la répression, fait état d'environ 17 000 victimes, le Gouvernement en reconnaît jusqu'à 35 000, tandis que Louise Michel, membre active de la Commune, en avance au moins une centaine de milliers. Les historiens contemporains, comme le Français Jacques Rougerie ou le Britannique Robert Tombs, ne s'accordent pas plus sur le nombre de victimes : bien plus de 30 000 pour le premier, moins de 10 000 pour le second. Mais ce qui fait l'unanimité, c'est la violence des combats qui ont pris l'allure d'un massacre. Incendies, fusillades sans discernement, communards acculés contre le mur du cimetière du Père-Lachaise, le dénouement de la Commune réunit tous les ingrédients d'une épopée tragique.

Si le nombre de morts est difficile à estimer, le recensement des interpellations et des condamnations est quant à lui plus aisé. Mais il prend également des proportions tragiques : 43 000 arrestations, 80 condamnations à mort, des milliers de peines de déportation en Nouvelle-Calédonie. Les détenus sont parqués dans des conditions effroyables à l'Orangerie et dans les écuries du château de Versailles, dans le camp de Satory ou encore dans des cales de navires sur la Seine, appelées « pontons ».

LA NAISSANCE DE LA TROISIÈME RÉPUBLIQUE : DE L'EXPIATION AU PARDON

La Troisième République, proclamée le 4 septembre 1870, naît de la défaite de Sedan et de la fin du Second Empire. Ses premiers mois d'existence sont bouleversés par la liquidation du conflit avec la Prusse et par l'épisode de la Commune. Une fois celle-ci écrasée débute le plus long régime politique, après la monarchie, que la France ait connu.

En 1873, les troupes d'occupation allemande quittent le pays. La même année, Adolphe Thiers, président depuis 1871, est remplacé par Patrice de Mac Mahon. Les lois constitutionnelles de 1875 finissent d'établir la République. Celle-ci ne va pas sans heurts, l'Assemblée oscillant entre les tendances conservatrices (représentées en particulier par les monarchistes) et radicales, entraînant une constante instabilité ministérielle. L'ordre moral prédomine malgré tout jusqu'en 1879, date à laquelle, avec la présidence de Jules Grévy (1807-1891), les républicains sont majoritaires. Entre 1871 et 1880, la République se construit d'abord sur l'expiation puis sur le pardon.

La basilique du Sacré-Cœur de Montmartre

Le 24 juillet 1873, une loi de la toute jeune Troisième République déclare d'utilité publique la construction d'une basilique sur la butte Montmartre. Celle-ci est souvent perçue comme étant le symbole expiatoire de l'épisode communard, mais la réalité est plus complexe. En 1870, la défaite des troupes françaises à Sedan face à la Prusse, survenue le 1er septembre, et face aux troupes italiennes, qui prennent Rome le 20 du même mois, mettant un terme au pouvoir temporel du Vatican, sont perçues par de nombreux Français comme une punition divine. Le prêcheur jésuite Marin de Boylesve (1813-1892) publie en octobre 1870 un opuscule, *La Croisade du Sacré-Cœur*, qui appelle à l'expiation des crimes commis contre l'Église et contre le roi lors de la Révolution de 1789. Peu après, Alexandre Legentil (entrepreneur français, 1821-1889) et son beau-frère Hubert Rohault de Fleury (peintre français, 1828-1910) prononcent le vœu de bâtir une église consacrée au Sacré-Cœur afin de réconcilier la France avec Jésus.

Le choix de la butte Montmartre pour l'accueillir est également considéré comme une allusion à la Commune, puisque c'est là qu'elle a débuté, avec l'émeute du 18 mars. Mais Montmartre, qui signifie « mont des martyrs », est en outre un lieu de culte très ancien, dédié d'abord à saint Denis et à tous les martyrs chrétiens des premiers siècles de notre ère. Au XIIe siècle, le roi de France Louis VI (1080-1137) y a érigé une abbaye bénédictine qui a été détruite en 1792. En 1534, c'est vraisemblablement dans une chapelle située sur les pentes de la butte qu'Ignace de Loyola (1491-1556) et six de ses compagnons ont défini ce qui devait devenir la Compagnie de Jésus. Enfin, il faut encore noter que la position de Montmartre, en hauteur, est stratégique.

Le vœu national est donc antérieur à la Commune et, s'il s'agit d'expier les exactions d'une révolution, c'est avant tout de celles de 1789 dont il est question. La loi de 1873 n'a toutefois sans doute pas été adoptée sans arrière-pensée : la Troisième République se veut en effet exemplaire. Adolphe Thiers dans son discours du mois de mai 1871 a lui-même utilisé le terme d'expiation. Pour rassurer, fédérer et se légitimer, elle prend ses distances avec le chaos et renoue avec l'ordre moral. L'approbation de l'édification de la basilique, consommant ainsi la rupture entre république et révolution, en témoigne.

LE TEMPS DE L'AMNISTIE

L'émotion suscitée par la répression de la Commune et les conditions de détention des prévenus a motivé une vaste campagne sollicitant la réconciliation nationale et l'amnistie générale dès le printemps 1871. Au début de la Commune, Victor Hugo (écrivain et homme politique français, 1802-1885), tout en approuvant l'esprit de celle-ci, s'insurge contre ses violences et exhorte le gouvernement de Thiers à ne pas répondre par la répression. Avec Louis Blanc, il fonde une société de secours pour les prisonniers des pontons. Démissionnaire de l'Assemblée, il se représente à Paris avec, dans son programme, un projet d'amnistie. Mais, jusqu'en 1880, le climat n'est pas propice au pardon. Le socialisme a été balayé, la peur de la révolution domine et le Gouvernement, qui souhaite avant tout écarter le danger du monarchisme et reprendre certaines de ses valeurs d'ordre à son compte, préfère oublier la Commune. Mais une fois la république institutionnalisée par les lois constitutionnelles de 1875 et plébiscitée par les élections de l'année suivante, ce qui confirme l'adhésion de la population au nouveau régime, l'action des comités et l'éloquence de Léon Gambetta permettent le vote, en 1879, d'une première loi d'amnistie. D'abord restreinte, celle-ci est ensuite élargie le 11 juillet 1880. Sans prendre le nom d'amnistie générale, la loi touche dans les faits tous les derniers condamnés purgeant encore leur peine. La République, après avoir écrasé puis ignoré la Commune, l'intègre alors dans ses valeurs, dans un désir de renouer avec la nation par l'union fraternelle autour des idéaux de liberté et de justice qu'elle tente de défendre, tant bien que mal, depuis près d'un siècle.

LE MYTHE DE LA COMMUNE

Pour la plupart des mouvements de gauche, qu'ils soient socialistes ou communistes, la Commune est un événement fondateur. Sa conception n'est pas identique pour tous et a évolué au fil du temps, mais quoi qu'il en soit, la Commune reste déterminante dans la pensée sociale et révolutionnaire.

Karl Marx est l'un des premiers à s'en saisir. En contact étroit avec les représentants français de l'Association internationale des travailleurs, il rédige dès 1871 *La Guerre civile*, un ouvrage dans laquelle il analyse la Commune en terme de lutte de classes, en fait l'exemple de la dictature du prolétariat (étape nécessaire avant l'abolition de l'État), en examine les échecs et en tire des leçons de stratégie révolutionnaire. Pour lui, la Commune est à la fois un modèle de combat héroïque (celui du prolétariat parisien contre la bourgeoisie versaillaise) et un exemple d'accumulation d'erreurs tactiques auxquelles il apporte des solutions qui seront notamment utiles lors de la révolution de 1917 en Russie. Lénine (homme d'État russe, 1870-1924) reprend par ailleurs la lecture marxiste de l'exemple communard en tant que fin de l'État, qu'il appelle de ses vœux tout en se méfiant de la précipitation révolutionnaire à se passer de cet organe de direction. C'est également ce que Louis Blanc (homme politique russe, 1879-1940) reproche, entre autres, à la Commune, ou tout au moins ce qui constitue l'une des explications de son échec : l'absence d'une direction forte au mouvement, avec une ligne de conduite organisée. L'anarchiste Michel Bakounine (1814-1876) rejoint Marx sur sa vision de la Commune comme exemple du renversement de l'État, dans ce qu'il a d'oppresseur, mais beaucoup, à l'instar du géographe libertaire Élisée Reclus (1830-1905), regrettent les limites de l'analyse marxiste.

Si le communisme a donc largement intégré la Commune à sa pensée, le socialisme, qui n'a pas de versant révolutionnaire, est plus nuancé. Il célèbre en 1871 la ferveur républicaine, l'unité sociale populaire, et honore la mémoire des victimes plus qu'il n'érige la Commune en modèle. Ces divergences quant au traitement de cet épisode sont également perceptibles dans les commémorations. D'abord sporadiques, après l'amnistie de 1880, avec l'enterrement symbolique des anciens communards au cimetière du Père-Lachaise et quelques célébrations au mois de mai, les « montées au Mur » (celui des Fédérés) s'organisent au début du XXe siècle de façon quasi annuelle. Sans couleur politique d'abord, elles deviennent au fil des années l'occasion de revendiquer son appartenance. À partir de 1909, la SFIO (Section française de l'Internationale ouvrière) y a son défilé, rejoint en 1920 par le Parti communiste, les deux faisant cortège séparément dès l'année suivante. Même lors des grandes commémorations (à la Libération, lors de mai 1968 ou pour le centenaire en 1971), chacun monte au Mur de façon isolée.

En 2013, 20 ans après le classement du Mur des Fédérés parmi les monuments historiques, une résolution est présentée au Sénat par des députés socialistes et des sénateurs communistes pour la réhabilitation de la mémoire de la Commune et des communards. Elle est alors présentée, cette fois, comme la pleine expression et le modèle des valeurs républicaines françaises, oubliant sans doute la complexité des positions parisiennes et versaillaises. La Commune, comme toutes les grandes émotions collectives, n'a pas fini de faire vibrer les mémoires.

EN RÉSUMÉ

19 juill. 1870	La France déclare la guerre à la Prusse
1er sept. 1870	Les Français sont défaits à Sedan Napoléon III est fait prisonnier
4 sept. 1870	La Troisième République est proclamée
28 janv. 1871	La France et la Prusse signent l'armistice
1er mars 1871	Les Prussiens défilent à Paris
18 mars 1871	Paris se soulève
28 mars 1871	La Commune est proclamée
21 mai-27 mai 1871	Semaine sanglante
27 mai 1871	Les derniers communards sont abattus devant le Mur des Fédérés
11 juill. 1880	La loi d'amnistie est votée

- Le 10 décembre 1848, Louis Napoléon Bonaparte est élu président de la Deuxième République au suffrage universel masculin. Le 2 décembre 1852, il proclame le Second Empire et prend le titre de Napoléon III.

- Le 19 juillet 1870, la France déclare la guerre à la Prusse, en réponse à ses visées expansionnistes et suite à la dépêche d'Ems.

- Le 1er septembre, les troupes françaises sont défaites à Sedan et Napoléon III est fait prisonnier. Trois jours plus tard, la Troisième République est proclamée et le siège de Paris, dont les habitants refusent de se rendre, commence.

- Le 28 janvier 1871, l'armistice est signé entre la France et la Prusse en échange de la reddition de Paris, du versement d'une indemnité et de l'annexion des régions d'Alsace-Lorraine. Le 1er mars, les troupes prussiennes défilent dans Paris.

- Le 18 mars, la ville se soulève face aux troupes envoyées par Adolphe Thiers pour reprendre les canons de Montmartre, de Belleville et de la Villette. Après le retrait de l'armée, tenue en échec, des élections communales sont organisées, et la Commune de Paris est proclamée le 28 mars.

- Durant le mois d'avril, la Commune promulgue des décrets visant à organiser la gestion autonome et égalitaire de la société et du travail. Elle met également en place la répression sévère de toute opposition, avec des décrets sur les suspects et les otages.

- Le 21 mai, les troupes versaillaises d'Adolphe Thiers entrent dans Paris. Durant la semaine sanglante, les combats font rage, les communards montent des barricades et incendient les bâtiments publics tandis que l'armée organise les massacres en nombre. Le 27 mai, les dernières forces de résistance communarde sont abattues devant le mur d'enceinte du cimetière du Père-Lachaise, appelé depuis lors Mur des Fédérés.

- Le 11 juillet 1880 est votée la loi d'amnistie des derniers condamnés de la Commune. En 1983, le Mur des Fédérés est classé monument historique.

POUR ALLER PLUS LOIN

SOURCES BIBLIOGRAPHIQUES

- FOURNIER (Éric), « La commune de 1871 : enjeux de sa commémoration et de son enseignement », in *Aggiornamento hist-géo*, consulté le 3 février 2015.
  http://aggiornamento.hypotheses.org/1381
- FURET (François), *La révolution. 1814-1880*, Paris, Pluriel, 1988.
- GACON (Stéphane), « L'amnistie de la Commune (1871-1880) », in *Lignes*, 2003, consulté le 3 février 2015.
  www.cairn.info/revue-lignes1-2003-1-page-45.htm
- PLESSIS (Alain), *De la fête impériale au Mur des Fédérés*, Paris, Seuil, 1979.
- ROUGERIE (Jacques), « Recherches sur le Paris du XIXe siècle. Espace populaire et espace révolutionnaire. Paris 1870-1871 », in *Bulletin de l'Institut d'histoire économique et sociale de l'université de Paris*, 1977.
- TOMBS (Robert), *La guerre contre Paris. 1871*, Paris, Aubier, 1997.
- TOMBS (Robert), *Paris, bivouac des révolutions. La commune de 1871*, Paris, Libertalia, 2014.
- VERHAEGHE (Sidonie), « "Les victimes furent sans nom et sans nombre". Louise Michel et la mémoire des morts de la Commune de Paris », in *Mots. Les langages du politique*, 2012, consulté le 30 janvier 2015.
  http://mots.revues.org/20979
- WINOCK (Michel), *Le socialisme en France et en Europe*, Paris, Seuil, 1992.

SOURCES COMPLÉMENTAIRES

- FABRE (Pierre-Antoine), « La compagnie de Jésus et le souvenir du vœu de Montmartre (1534) », in *Les Cahiers du Centre de recherches historiques*, 2000, consulté le 8 février 2015.
  http://ccrh.revues.org/2032
- RODRIGUEZ (Miguel), « Du vœu royal au vœu national », in *Les Cahiers du centre de recherches historiques*, 1998, consulté le 8 février 2015.
  http://ccrh.revues.org/2513
- ROUGERIE (Jacques), « Notes pour servir à l'histoire du 18 mars 1871 », in *Mélanges d'histoire sociale offerts à Jean Maitron*, Paris, Éditions ouvrières, 1976.

CONFÉRENCE

- « 1871, la Commune de Paris, une histoire moderne », in *Mairie de Paris*.
  http://www.paris.fr/politiques/histoire-et-patrimoine/comite-d-histoire-de-la-ville-de-paris/1871-la-commune-de-paris-une-histoire-moderne/rub_9317_stand_99880_port_22755

SOURCES ICONOGRAPHIQUES

- La journée du 18 mars et la prise des canons. La photo reproduite est réputée libre de droits.
- Barricade sur la place Vendôme, photo prise par Bruno Braquehais. La photo reproduite est réputée libre de droits.
- Dessin d'Alfred Darjou représentant l'exécution des communards devant le mur des Fédérés. La photo reproduite est réputée libre de droits.

ROMANS, MÉMOIRES ET ESSAIS

- VALLÈS (Jules), *L'Insurgé*, Paris, 1886.
- MARX (Karl), *La Guerre civile*, Londres, 1871.
- LISSAGARAY (Prosper Olivier), *Histoire de la Commune de 1871*, Paris, 1896.
- BARONNET (Jean), *Regard d'un Parisien sur la Commune*, 2006.
- SAINT-MACARY (Pierre), *Les Canonnières du Point du Jour*, 2011.
- VALAT (Éloi), *La Semaine sanglante de la Commune de Paris*, 2013.

FILM

- *La Commune (Paris 1871)*, film français de Peter Watkins, coproduit par Arte, 1999.

TABLEAUX ET PHOTOGRAPHIES

- *Le Père-Lachaise et les derniers combats de la Commune*, tableau d'Henri Félix Emmanuel Philippoteaux (1815-1884), 1871, Paris, musée d'art et d'histoire de Saint-Denis.
- *La Barricade du boulevard Puebla*, photographie anonyme, 1871, Paris, musée d'art et d'histoire de Saint-Denis.
- *Les Ruines du palais des Tuileries*, tableau de Jean-Louis Ernest Meissonnier (1815-1891), 1871, Compiègne, musée national du château de Compiègne.
- *La Barricade*, lithographie d'Édouard Manet, 1871, Boston, Museum of Fine Arts.
- *Guerre civile*, lithographie d'Édouard Manet, 1873, Paris, Bibliothèque nationale de France.
- *L'Écrasement de la Commune*, tableau de Maximilien Luce (1858-1941), 1903, Paris, musée d'Orsay.
- *L'Exécution d'Eugène Varlin*, tableau de Maximilien Luce, 1910, Mantes-la-Jolie, musée de l'Hôtel-Dieu de Mantes-la-Jolie.

www.50minutes.com

Éditeur responsable : Lemaitre Publishing
Rue Lemaitre 6 | BE-5000 Namur
info@lemaitre-editions.com

ISBN ebook : 978-2-8062-5966-0
ISBN papier : 978-2-8062-5967-7
Dépôt légal : D/2015/12603/179
Photo de couverture : © *Je veux être libre*, lithographie de W. Alexis, 1871.

Conception numérique : Primento,
le partenaire numérique des éditeurs